ARQUITECTURAS HUMANAS

Poesía metafísica. Cuerpo, forma, fondo.

Elena Núñez Sambucety

EDITORIAL

Poesía... eres tú.

Arquitecturas humanas. Poesía metafísica. Cuerpo, forma, fondo.

Primera Edición 2024
© *Elena María Núñez Sambucety 2024*

© *Editorial Poesía eres tú.*
http://www.poesiaerestu.com
C/Dr. Fleming Nº50, 4ºD
28036 Madrid
Teléfono: 34 91 999 13 12

ISBN: 978-84-18893-93-3
Depósito Legal: M-3682-2025

ARQUITECTURAS HUMANAS

Poesía metafísica. Cuerpo, forma, fondo.

ELENA NÚÑEZ SAMBUCETY

1. COMPLEJIDADES HUMANAS

Hay amigos
que parecen amigos, pero no lo son.

Hay personas que parecen secas
pero esconden tras su dureza una ternura infinita,
          un bien hacer agradecido,
un despertar amable que crea hogar.

Miramos a los ojos del que nos acompaña
y creemos que ellos nos hablarán del
                    sentir de su dueño,
pero olvidamos, que en los seres escondidos y oscuros
hay con frecuencia, miradas abiertas y vivas
que confunden los criterios de las almas nobles.

Pareciera que quisiéramos comprender
el intrincado caos de la vida
de los seres compañeros
cuyos vínculos se entrelazan.

Ingenuamente, tratamos de ver al ser oculto
tras esa piel y esa cara,
descifrar el significado de sus palabras
y gestos que no se muestran (pero se respiran)
          observando de reojo
las manos que hacendosas se entretienen;
agotados en el análisis de quien quiere entender;
necesitando tras un tiempo la pausa y el descanso,
que vuelva el tiempo de la simplicidad y la risa fresca,
          dormir y soñar
en aromas de blancura sin vuelta.

Existen "construcciones" humanas que solo desean amar,
¡que han venido a amar!
y en el amor encontraron la muerte
la herida y la sorpresa,
pues un ser que ama no entiende de daño,
(y un ser que daña no entiende de amor).

Somos espejos reflejando en el otro nuestro interior,
si no sales de ti mismo, no verás la verdad.

El mundo está dividido
en personas que sienten
y otras de alma gélida
que no ven más que su ombligo,
su deseo y su poder.

Existen grados
entre estas dos formas
intrínsecas de ser.

Hay grados de luz y oscuridad
como la paleta infinita
que refleja el cielo y la tierra;
hay estaciones suaves y otras intensas que
azotan rabiosamente nuestros cuerpos;
hay una esencia en cada uno de nosotros,
algo que nos define completamente;
una segunda piel de lo que aprendo
mecanizo y expreso.

Estamos modelados en barro gris,
en forma estereotipada
de bajo significado
y apariencia absurda.

No entendemos de cuerpo ni emociones…
su mensaje queda encerrado
bajo un grueso manto de pastillas
que adormecen los sentidos;
¡los únicos y poderosos que pueden salvarnos!

Sentimos miedo al dolor,
            ¡miedo a la verdad!
pues nos educaron en la fantasía de lo absurdo,
                y melancólicamente…
        queremos volver a ella una y otra vez.

2. EL CUERPO VULGARIZADO

La carne manipulada por manos insensibles
los ojos que juzgan y miden
los susurros que estimulan la desgana genuina
la caricia dura sobre el cuerpo joven
la boca apretada para no decir lo que brota
los puños cerrados sosteniendo lo inconsciente
el deseo equivocado hacia la forma
el fondo oculto que no llega a mostrarse
la repetición de los días...

el tedio que asoma en la comisura...

flacidez inconsistente en el contacto
ojos que no miran y atraviesan
ojos que no miran y esconden
ojos que se maquillan para parecer vivos
risas que rasgan como estertores
por su significado visible.

Sonrisas temblorosas de tanto esfuerzo
gestos de tensión intestinal
el teatro de lo absurdo en calles y escenarios,
la sensibilidad pervertida
los valores desnutridos
la moralidad reducida al recuerdo;

                    fachadas que se degradan en cuanto se cierra
                                           [la puerta.

3. TODOS LOS ESPACIOS POSIBLES

Los espacios crean sentimientos.
Generan impresiones
que afectan a la vista,
que transforman intelectos
empujando la energía;
explotando, disociando,
transportando o atrapando.

Cada elemento tiene importancia:
         las líneas curvas,
las rectas,
materiales y texturas,
las luces y las sombras
lo que recuerda o lo que es.
         Lo orgánico y lo inorgánico se entreteje
creando siempre algo nuevo;
pequeños matices que crean magia,
abriendo puertas,
         abriendo mentes…
todo el universo se entremezcla entre colores y formas.

El ritmo en la arquitectura,
como la música o la palabra,
el gesto o el sentimiento
         en el cuerpo envejecido;
ensombrecido;
         la voluptuosidad…
Formas que tienen ritmo,
procesos de creación e instalación.

La arquitectura no es solo forma,
    ¡es magia!
       ¡es posibilidad!
un conjunto de muchas cosas
   que crea algo único,
como un cuerpo cargado de personalidad;
de experiencia,
   (que es presencia)
      ¡que es ciencia!
y en ella se integran todas las ciencias.
    Todo vive al mismo tiempo
en el tono, la forma y el fondo,
la cadencia y el modo,
la forma en la que el objeto rompe el espacio.

Lo sensible, la antropología,
lo heredado que es padre de lo creado,
    la música, el ritmo, la danza
que aparece en los andares y pesares
de una población en tránsito,
dando sentido a la precisión,
    ¡la proporción!
los vacíos donde la existencia pasa
y a veces se queda.

Espacios para vivir…
     espacios para soñar…
transitados, habitados,
a veces golpeados, masacrados,
dejados morir;
    para tras su barbecho,
volver a la vida bajo los ojos transformadores
de una mirada nueva.

Ciudades con huecos,
        espacios que aligeran.
Ciudades densas y etéreas
con cielos cromados creando escenarios
                de luz.

Urbanismo,
        diseño,
confluencia de gente arrastrando cultura,
posibles diferencias, chispas, estallidos;
espacios donde la savia fluye,
        la experiencia sensorial,
                los planos poéticos,
                        los sonidos…

El agua que corre en paredes y suelos
        los brillos nocturnos;
unidad, singularidad,
color cromado;
        continuidad;

                ¡ruptura!
la cicatriz que cura;
        los ritmos…

Esencia y materia hecha diseño,
alternativas posibles para una realidad distinta,
transformación de espacios;
                silencios…

Diálogo,
disfrute,
        espacios que crean personas…

¡Cuidado con los espacios!
no banalices su posibilidad…

4. ALGUNOS HABITANTES DE LAS CIUDADES

Ciudades dormidas, pasivas,
que se despiertan en el transitar de la gente
que oculta sus misterios bajo ropas transparentes.

Cada persona es un tempo,
   un ritmo,
     ¡un tránsito único!
una perspectiva variada de un patrón similar.

Cada cual se imagina de un modo distinto
         de lo que en realidad es.

Cuando la realidad aparece, es negada:
     ¡no es mi voz!
¡no es mi cara!
     ¡no es mi cuerpo!

¿dónde está la trampa?...
     no soy así, porque no me veo así…
¿y si la trampa está en ti?
     ¡yo creo ser otra!
¿y si es tu percepción?
     ¡no! ¡yo soy otra!... ¿a qué sí?...

¡Hazme otra foto!...
     ¡esta no soy yo!
¡grábame otra vez!...
     ¡esa no es mi voz!

déjame que te muestre la forma correcta,
el gesto que estructura el mundo de mis ideas…
       no dejes que se caiga mi máscara, ¡por favor!
solo encuentro mi equilibrio cuando
todo confirma mi fantasía,
       ¡miénteme!...
no me importa si es verdad o no
       ¡solo quiero estar convencida!
abstraída, hipnotizada en el lenguaje,
el pensamiento que crea mi realidad segura.

Algunos habitantes de las ciudades
creen ocultar tras una apariencia disfrazada,
la verdadera esencia de sus pesares maquillados,
       ¡cuántas veces frutos de sus desvelos!
de su apariencia deshecha
tras los muros que la intimidad desnuda.

Las pieles cenicientas
revelan desdichas jamás expresadas;
              hay arrugas imposibles de ocultar…

La historia personal está escrita en nuestro cuerpo,
              (innegable)
inseparable de los golpes rompedores
de ideales construidos y pulidos a base de esfuerzo;
       construcciones apagadas,
pasiones lejanas de cuerpos inertes,
entrañas retorcidas que el gesto dobla,
corazones inflamados de tanto amor roto,
       vísceras heridas,
              maltrato caprichoso,

cápsulas de experiencias olvidadas
por creer que lo posible aún existe
y el dolor será reparado…

Conflictos humanos,
seres perfectos imperfectamente creados;
sueños y olvidos
          que alivian penas y pesares…

No todo es reparable…

A veces los daños rasgan el tejido de tal manera,
que la cicatriz endurecida cura
          (mas no sana)
insensible,
          muy a su pesar…

5. CONFIGURACIONES INTERNAS

Existen configuraciones humanas;
seres distintos tras una misma apariencia
que confunden al que mira.

Somos una única especie.
Todos lo mismo, todos distintos,
en valor; todos iguales.

¿Qué es lo distinto?
¿Qué es lo que acierto a sentir, pero no acierto a ver?

Mi mente se confunde;
vive extrañada, extraviada,
¿Qué es aquello que se aleja y acerca al mismo tiempo?
Lo distinto no se atrapa al tacto…
es traslúcido bajo la piel,
etéreo e invisible;
          engaña al ojo.

La diferencia no se ve a simple vista,
ni se huele,
ni se toca,
a veces ni se intuye;
no está en tradiciones ni cultura,
ni en color, ni en formas,
ni estamentos sociales;
está en lo sutil, en lo sensible como brisa
invisible, envolvente…

El alma o sus cualidades…
          (el ser humano es muy complejo).

Estamentos de cultura y clase
definen un patrón establecido
que niega lo que el interior arroja;
reduciéndolo a la nada.

Toda alma requiere tiempo para mostrarse;
espacios donde surjan movimientos
de creación cristalizada,
       congelada;
material para ser visto, leído, respirado,
impresionado por otra alma sensible;
       (para ser reconocido).

El conocimiento etiquetado lo reduce;
       lo camufla,
estrecha el canal que conduce al otro lado,
que atraviesa la piel y los tejidos
donde asentado espera (ilusionado)
       conectarse.

La mente, atrapada en el embudo,
simplifica y se relaja;
crea listados y grupos;
       se afana en estadísticas;
recoge información para sobrevivir,
               sin vivir.

Por suerte hay crisis que rompen…
       (aunque asusten).
Aparición de nuevas combinaciones,
       diferentes posturas,
de intenciones distintas en el hacer de las cosas,
       no en el porqué; en el para qué.

Opciones que quiebran, inhabilitan
patrones de comportamiento repetido;
pautas limitadoras de educación conveniente
que estabilizan modos y apariencias
bajo las pantallas que desvirtúan
la verdadera lucha violenta
de la selva en que vivimos.

La realidad reducida
a simples ideas falsas de ceguera colectiva
        dan valor a los cuentos,
mas no a las verdades puestas en entredicho.

Existen seres distintos con iguales impulsos,
personas distintas, de manos distintas,
de ojos distintos;
        (nublados).

Seducidos y engañados,
tendemos la mano al que
vestido bajo la dulce apariencia de aroma caliente
va tejiendo la red de nuestros pesares.

La forma sin fondo,
la palabra reductora a apariencias y espejismos;
rebaja el instinto vigoroso,
                a un apéndice castrado.

6. LA CULTURA ALIENANTE QUE DESVIRTUA AL SER

Cada uno de nosotros somos universos cerrados;
realidades y espejismos esparcidos
en el perfecto equilibrio
del orden desordenado.

Cuando conseguimos abrirnos,
sin abandonarnos;
rozar la sabiduría intrínseca
que nos dota de consciencia y orden,
que da un sentido a nuestros actos
   y vidas no elegidas,
para compartir la esencia
como lluvia nutritiva
     en el momento de la muerte.

Somos acumuladores humanos;
¡todos importantes!
    todas las formas…
recipientes de experiencia que abarcan
sabiduría y trauma.

Calidades de ser y amar,
de atropellar y dañar,
y todos… ¡tan necesarios!
    (tan incomprensible…).
Pero que no he venido a comprender,
    ni a juzgar,
     ¡sino a Ser!

Hay algo en todos
que nos une y nos conecta
y al mismo tiempo nos confunde;
             pues somos diferencia.

En este mundo de corazas de clones
      (formados a fuerza de golpes,
             educación y estrategias)
asoma lo salvaje genuino;
la verdad que desea ser;
que desea crecer y expresarse como tal.

Es la propia cultura la que avanza,
             (te confunde)
destruye personas y pilares,
       manipula mentes hasta degradarlas;
reducidos a una pequeñez absurda que no somos;
      (reducidos a la nada)
que desaparece en la grandiosidad del universo
      que también nos han robado.

Hay un interés de caos,
de separación y alienación,
      (de volvernos simples)
seres débiles, que necesitan muletas para sobrevivir,
que no pueden autosatisfacerse,
esperando siempre que sea otro
el que cumpla sus expectativas
o les salve de un problema.

Seres pasivos, mentes dormidas;
      (infancia eternamente conservada)
consumidores de basura indolentes ante el drama.

Necesitamos de otros,
    ¡por supuesto!
pero no de esta manera degradante…
    A la cultura le confronta la experiencia.

Vivimos una realidad social
con el mal enmascarado,
el buenismo en la boca
al que deseamos creer.

Debemos tomar el amor en la mano
    ordenar bien la mente
para conducir los pasos
a la justicia que a veces no hay;
    ¡que no existe!

Nos hablan de traumas,
de heridas del alma…
Muchos arrastramos dolores profundos
    (mal etiquetados)
que condicionan la mirada de quien mira.

Nos hacen sentir imperfectos,
erróneas formas que
divagan sin rumbo en este mundo casi gris.

Nos tratan de problema
en una sociedad mal construida,
pues no encajamos en el esfuerzo
    de ser lo que no somos,
de creer lo que no creemos,
¡tanta sed tenemos de verdad y paz!

Hay seres que ven con claridad
                    cosas que otros no ven.

Ante el acoso y el miedo callamos,
            guardamos la magia
escondida bajo el abrigo,
        (bajo el ombligo)
frente a provocaciones ignoradas
                    y el temor del abandono.

Las miradas reprobatorias acechan,
crean filos y ecos
que arañan la posibilidad posible que se pierde;
        (como la niebla cuando se esfuma)
desapareciendo todo rastro
dejando solo automatismo;
máquinas de buenos días
de sonrisa falsa y cara recién lavada.

Decidimos ser invisibles;
            taparnos la boca,
disfrazarnos de camuflaje
que no levante sospecha y peligro.

Vivimos excluidos y felices
en vidas simples y tranquilas
                ¡pero debemos alzar la voz!...
es tiempo de mostrarse,
darnos el derecho de ser
            valientes con temblores
para hacer sin culpa,
esquivando los reproches
que encadenan nuestro sentir sincero
            tierno y poderoso.

¿Por qué tener miedo?
¡Si hemos venido a ocupar nuestro lugar!
¡y debemos hacerlo!
derrotando los barrotes de humo
que cristalizan nuestra esencia,
que oprimen la naturaleza
naturalmente libre,
valientemente natural,
de los corazones que laten
con ritmo de brazos que abrazan
y manos que construyen.

Los seres de corazón
deben de superar la disonancia cognitiva
que la sociedad genera.
Es tiempo de sangre y fluidos,
de pasiones olvidadas en los
campos de polvo y arena que los pies levantan,
camuflando la amargura
y el peso de vivir sin vivir,
para no molestar,
¡para gustar!
adquiriendo brillantina que deslumbra
y no deja ver la costra que cubre todo;
(y a todos)

7. LA OCUPACIÓN DEL ESPACIO Y SUS EFECTOS

Somos polvo de estrellas
unificado en una mezcla consistente,
modificando el espacio en volumen y forma.

Generamos impresiones;
      movemos mentes,
            movemos cuerpos;
la energía sutil se modifica
creando una energía colectiva
que vuelve de nuevo a las estrellas;
      atravesando astros
con la imaginación del niño que da volumen
a los sueños olvidados.

El arte del espacio;
la filosofía oriental que recoge la teoría de la materia,
habla de objetos dotados de alma,
      ¿Y nosotros que tenemos alma?
    ¿no somos conscientes del poder de nuestra forma?

Transformamos el espacio sin quererlo,
      sin saberlo,
   ¡todo habla del espacio y la forma!
    la fotografía, la pintura, la danza
la arquitectura, el teatro, la escultura
¿sabemos que nuestra forma afecta a los demás?
      afecta al mundo,
      ¡afecta a todo!
   lo crea y mueve de acuerdo a un volumen.

Todo está en constante transformación,
¿y nosotros?
en movimiento…

8. SIMBIOSIS CON DESEO DE FUGA

A veces todo se difumina;
en el fondo está la forma
y en la forma el fondo,
      no hay diferencia;
como cuando se junta la tierra con el cielo,
la madre con el niño dormido en su regazo
en una simbiosis imperceptible.
Pero algo pasa
y de pronto algo emerge y se separa;
toma impulso pidiendo atención,
clamando por ser observada;
atendida de la manera en que necesita
                    separada del conjunto.

Pide abandonar la invisibilidad…
alza su voz de algún modo,
quiere ser tenida en cuenta
y luchará para que así sea;
      como el niño que tiene hambre
y grita y llora hasta hacerse insoportable
    ¡hasta que le hagas caso!
hasta que le mires de verdad;
le atiendas de verdad;
  ¡hasta que le veas!
        ¡le diferencies!
hasta que le atiendas y lo entiendas
descifrando el llanto y su misterio;
descifrando el dolor agudo que te despierta de madrugada
para no volver a dormir;
como el recuerdo invasivo que no te abandona;
como el olor que rechazas por más que lo intentes;

¡no puedes escapar!

       Y, aun así…

              ¡escapamos!

9. CUERPOS ACORAZADOS

¿En qué momento me creí que era invencible?

que nada me tocaba,
que nada me dañaba
que nada dejaba trazas bajo mi piel endurecida
      (con el rostro forzado,
apretados mis dientes para que nada entre)

Creí que tenía el control,
      ¡me obligué a tenerlo!
forcé la máquina y me vi vencedora,
orgullosa en mis afectos,
firme en mis principios.

¡Pero ahí está!
      instalada en lo invisible,
tejiendo su tela con infinita paciencia;
ocupando tejidos que recuerdan el daño
y lo guardan cuidadosamente
      hasta que pueda afrontarlo,
sentirlo y dejarlo ir…
      (o morir).

10. MODIFICADOS POR EL PASO DEL AHORA

Las nubes altas
de un blanco luminoso;
en algunas zonas difuminadas a brochazos;
la bahía turquesa
con reflejos dorados
chispeados por el sol
y el agua removida por algún bañista;
es media tarde...

Los veleros perezosos
arrastrados por el viento
densos y elegantes,
calman la inquietud
del dueño de los ojos que contemplan;
acompasa su respiración
a la cadencia deslizante,
la caricia sobre el agua
que asegura la bondad de los cielos cristalinos.

¿Qué hay en este horizonte
que difumina y aplana
los fuegos internos
que atormentan el alma?

¿Qué tiene el mar, la playa
y su cadencia;
amortiguando voces
de conversaciones lejanas?

Boyas que muestran con dignidad
el camino marcado sin el prestigio del faro;
hombres y mujeres ausentes
ante tanta presencia que hipnotiza;
transportando las mentes a lugares lejanos;
deseos y anhelos olvidados
en rutinas rutinarias y aburridas
que suelen volver ligero el pensamiento.

Debo alertar que el fuego llega al hombre
cuando el calor se apaga,
y es el sí mismo
el que enciende dentro de sí mismo
un incendio intentando con su alarma
mostrar la desgracia de vivir sin vivir,
de soñar sin soñar;
        entregado a lo vacío y vacuo del mundo
(donde normalmente corres sin aliento)
        que se llama la sociedad del bienestar.

11. VIVIMOS FUERA DEL TIEMPO Y EL ESPACIO

Muchas veces quien no está, da más vida
a los que están, que los que están:
Trabalenguas que significa que;
a veces mueve más lo que hay fuera del encuentro
       que lo que pasa en el encuentro.

Algo es movido por fuera del instante en el que estamos…
       también nos pasa en la vida…

Vivimos de las rentas de lo vivido,
que a veces es poco pero exprimido;
       (alarga y unifica el sentido de la vida).

Vivimos de las rentas de otros
a los que se nos olvida agradecer
todo aquello que nos dan.

Vivimos de ilusión y de esperanzas;
más de lo que no existe que de lo que existe,
más del recuerdo que del momento;
más de la agenda de contactos
       (que habla de nuestros afectos)
que desde el afecto.

12. SERES EN BÚSQUEDA DE REACCIÓN

Sólo soy cuando soy con el otro…
El otro me conforma, me mueve
me sacude, me agita…
Por el otro soy lo que soy,
de ahí que en ocasiones
soporte compañías que no van,
que no son,
pero que me hacen sentir,
pues vibro a su lado:
          perezosamente
agitadamente,
          incómoda
rabiosa o bloqueada,
          pero vibro…
aunque no me guste eso que soy,
en eso que me transformo
cuando estoy a su lado;
          mi reacción,
mis respuestas,
la conversación que se despierta;
          mi cadencia…

Soy consciente de que me doy forma a cada instante.

A veces creo lo que el otro dice,
otras me revuelvo y confronto
sacando de mis profundidades
ideas innovadoras;
energía desconocida que me hace sentir viva.

Así que termino dependiendo
de ese "otro" que en ocasiones saca de mí
una energía salvaje,
visceral y poderosa,
(propia de la supervivencia)
que en sí misma da sentido;
        ¡tanto que me quedo!
                aunque no me reconozca.

13. CAMINAMOS ENTRE LUZ Y OSCURIDAD

Pareciera que las almas tuvieran vida propia,
buscaran otras almas con las que fundirse en afecto;
      pues la luz busca la luz,
no ve la oscuridad, pues no le pertenece.

    (Materia oscura que los egos dan forma)

El alma en su deseo de fundirse
se une a personas cuya luz está dominada
por pérfidos movimientos que opacan su brillo
      (y sus ojos)
secando mucosas y vísceras…

    (tejidos que separan unos cuerpos de otros cuerpos)

La muerte comienza con un agujero negro
      que engulle tu energía;
            vaciándote…

    (las malas elecciones pasan factura)

Existe un alma colectiva
que como un cuerpo puede enfriarse,
enfermar, oscureciendo partes,
      rincones…

Hemos perdido el norte,
el eje central que ayudaba a no perderse
      (el faro interior se ha vuelto loco)
       …

Entre luces de neón y led
el sol se ha perdido…

14. EL INDOLENTE

En qué momento decidiste creer
que las pasiones humanas no tienen
nada que ver contigo,
que los fallos son de otros,
que no hay nada que hacer,
que la vida es así…

Eres un adicto a la culpa
a deleitarte en la dulce embriaguez
de que eres erróneo
y que no hay nada que hacer
más que quejarte y dormir.

¡No te conoces!
¡Abre los ojos!
¡Abre la mente!
¡Libérate de ti mismo!
            La decisión está en ti…
Coge las riendas de tu vida y lucha por tu libertad
¿no estás cansado de ser un sucedáneo?
¿una parte de ti mismo?
¿una sombra de ti mismo atrapado?
adiestrado
            ¡idiotizado!
utilizando siempre la misma parte de ti,
fallándote a ti mismo cada mañana y cada noche,
embobado
alcoholizado
embriagado por las luces y mensajes
de una vida carente de sentido:

¿Dónde estás tú?
¿Por qué te tratas así?
abre los ojos y deja de mentirte;
la vida no es eterna…
¿A qué estás esperando?
¿Quién deseas ser?
El límite lo pones tú
y lo eliges cada día
al encender la mañana…

15. CONSCIENCIA

Las personas sufrimos
¡sí! ¡sufrimos!
por más que disimulemos…
Las personas corremos
dejando atrás los actos
que invalidan nuestros deseos;
(pues inevitablemente somos peor de lo deseable).

Las personas aparentamos
¡sí! ¡aparentamos!
buscando a través de la apariencia
parecernos un poco a ese ideal que se nos escapa;
ya que actos y palabras contradicen la imagen;
el autoconcepto creado
                en lo profundo del intelecto.

Más la energía y la materia
dicen otra cosa que no queremos ser,
que no queremos creer,
(que negamos)
defendiéndonos de eso que traicionaría el deseo
detrás del cual corremos;
nos esforzamos,
concluyendo en el abandono por agotamiento, pues…
¡es tan difícil!
¡requiere tanta atención!
¡tanta lucha por negar la realidad que aparece
                y me agota reprimir para que no se vea!
        (para que no me delate)
                …

Para que no me vean me visto,
        (me disfrazo)
creo discursos convenciendo a espectadores y ajenos,
contento de mi poder de camuflaje:
        (Ingenuidad...)

¡También somos buenos!
¡sí! ¡Somos buenos!
sobre todo en los impulsos
que nacen en la necesidad genuina del otro,
en el deseo intelectual moral,
        (sobre todo íntimo)
de dar espacio
a toda esa luz que nos inunda por dentro
y que a veces se seca;
        (pero siempre está).

La bondad está de origen,
¡y la luz!
¡y la paz!
que se va opacando;
ensuciando a través de los años
en esta vida que da y que quita.

Los deseos comunes de ser más y mejor
                nos confunden;
nos atrapan y apresan,
        nos hacen estar a su servicio,
(cumplir lo que muchas veces no deseamos cumplir)

Todo es una cuestión de consciencia;
de unir corazón e intelecto,
instinto y carácter;
honrar el temperamento
y llevarlo a buenos fines;
corregir lo erróneo aprendido;
desafiar los deseos…
decidir a cada paso con el libre albedrío…

El libre albedrío no está al alcance de todos…
necesitas forjarte y formarte;
ver más allá de la realidad aceptada
y admitida como verdad;
confrontar tu vida y creencias
tu propia existencia,
romper con lo establecido
para construirlo de nuevo
de un modo consciente,
  (ver dónde te lleva…).
Escuchar tu intuición
más que tus creencias;
romper el hábito instalado
  (para ver lo que ocurre)
¡escuchar más!
    (salir de tu ombligo)
¡observar más!
    (salir de tus ideas)
¡parar más!
      (salir de tu inercia,
tu costumbre en la que vives atrapado)
                        y ver qué pasa…

16. ÁNGELES Y DEMONIOS

Dicen que quien no cree en Dios
es capaz de creer en cualquier cosa;
pues siempre hay algo que nos mantiene centrados,
enfocados,
que nos sirve de faro y de guía.

El camino trazado
que se cierra por la falta de pisada,
oscurece la esperanza
tras la ilusión perdida;
cualquier cosa puede colocarse en tu centro;
convertirse en tu sustento.

Pocas personas deciden libremente
el caminar de sus pasos,
muchos siguen inercias programadas
o emociones mal encajadas,
mal asimiladas,
que muchas veces construyen pensamientos
erróneos que hacen perder las almas.

El alma…
¿quién se preocupa de ella?…
en este mundo materialista que confunde
a sus transeúntes;
                    visitantes momentáneos…

17. LO MÁS HUMANO QUE HAY EN NOSOTROS

A veces el mundo te empequeñece
(te reduce)
en un entorno que delimita
hasta dónde puedes crecer
hasta dónde puedes ser;
así como está determinado
el crecimiento de las hayas a la muerte de sus padres.

A veces la merma
no está decidida por un
mandato escrito o expresado,
sino resuelto por algo que se da por hecho,
por sobreentendido en el silencio
de un pueblo, familia o grupo,
(incluso dentro de ti mismo)
pues llevamos a cuestas la recurrente policía opresiva
del ministerio de la verdad aceptada.

Todos estamos bien entrenados desde niños;
sabemos por dónde podemos ir,
qué suelo pisar...
sólo unos pocos se atreven a desafiar
el gris recorrido que adormece.

Existen los que en su rebeldía golpean
sin criterio lo creado
movidos por la ira,
(esta forma no ayuda)
entorpece y ensucia el legítimo legado que exigen algunos
amparados en el pensamiento justo y meditado.

Frente a la asfixia se comprende
que todas las almas sacudan sus brazos,
que azoten, pateen y muerdan;
todos a nuestra manera,
nos defendemos del mismo modo;
pues, no hay nada más doloroso,
que la dominación y el aplastamiento
de lo más humano que hay en nosotros.

18. IMPRESIONES

La estética sí que importa,
los espacios en los que vives y te mueves,
       te transforman.

La vida se mueve entre lo abstracto y lo concreto,
el apego y el desapego,
la oscuridad y la luz;
pues sin una cosa no existe la otra
en una especie de pisada que te permite avanzar.

La fuerza se encuentra en el centro del espacio,
en el centro de la dualidad,
de la energía y la atención:
los dos hemisferios,
los dos ojos
dos orificios de la nariz,
una boca y sus espacios
dos mamas
un ombligo…
el centro donde todo ocurre…
(la conexión del alma con el cuerpo)
el centro vital que lo ordena todo…

Una vagina
dos testículos
un pene
un ano
vísceras repetidas, dobladas,
vísceras únicas…

Habrá un significado
¡seguro!
Todo tiene un significado
¡todo!
y mucho más trascendente de lo que creemos.

…

Es nuestra mente intrascendente
la que simplifica y vuelve anodinas las cosas;
ahí entran los espacios…
la posibilidad…
Solo para el que sabe,
para el que se conecta
con lo efímero de la vida… fluye.

Dos polaridades esenciales
millones de posibilidades
millones de millones de experiencias únicas,
vidas que merecen ser contadas y escuchadas,
miles de millones de acumuladores humanos;
unos empezando a contener,
otros llegando a su límite de llenado,
otros soltando toda esa carga
generosamente ofrecida,
(legado de sabiduría)
para futuras generaciones.

Algunos guardan mezquinamente lo aprendido,
pues aprendieron de cabeza, pero no de corazón.

Un corazón sin cabeza
y una cabeza sin corazón
para nada sirve,
pues todos somos parte de algo más grande.

Lo que de verdad importa no se ve,
se siente, se intuye…
debes dejar la mente a un lado,
atravesar el velo que lo transforma todo y te aleja de la verdad,
si no, estarás ciego;
incapacitado para ver lo que hay y no ves,
lo que te da equilibrio,
lo que da estabilidad
para sostener;
para contener;
para entregarte.

19. LA ARQUITECTURA DEL ESPACIO

La arquitectura;
la posibilidad de metamorfosear espacios y ambientes.

La pintura, la escultura, la danza y el teatro,
la relación del objeto y el lugar,
la manera de habitarlo;
de moverse, de entregarse al impulso,
a la forma externa e interna que afecta al latido creador;
a lo siempre vivo y transformador,
a lo nunca muerto.

Cada entorno tiene una cadencia...

Las ciudades creadas, fundan a su vez un biorritmo
de figuras y movimientos,
ritmos del cuerpo o de los pueblos;
cantos y tradiciones construidas bajo el sudor del sol...
                                                renacidas.

Todo importa;
todo deja semilla;
también los vacíos y huecos crean atmósfera,
                todo significa...

En tu tiempo y espacio en el que toca vivir,
todo lo escuchado, lo tocado,
lo apretado;
lo que dejaste de hacer en tu tiempo,
en tu momento;
                no vuelve...

Por más que sigas buscando reparar,
ya es otro tiempo…
                ese ya pasó.

Todo lo que dejaste de hacer con tu cuerpo,
con tu mente;
todo lo que no te permitiste;
todo lo que se quedó dentro atrapado
cogiendo un área;
y lo que conseguiste liberar, mudar…

Todo lo denso y lo ligero
que se siente en la escultura de tu cuerpo,
tu tempo interior que muestran tus gestos,
                y tu voz;
la arquitectura corporal que tú y solo tú has creado
     (a veces)
                muy a tu pesar.

20. PROYECCIÓN DEL INCONSCIENTE

El ojo a primera impresión engaña,
desvelando el contenido de tu mente inconsciente,
(impertinente)
que muestra cosas que no quiero ser;
que no quiero tener;
pues detesto y juzgo duramente en los demás:
y… ¿soy yo?

21. LA TENSIÓN DE LO NUEVO

La tensión interna empuja
en forma de promesa y miedo;
es el ímpetu de lo nuevo que está por llegar.

Crece la angustia…
también la confianza necesaria para el parto
que abrirá las carnes trayendo una nueva luz;
un nuevo comienzo.

Es tan diferente la tirantez que rompe,
que destruye,
el ahogo del final;
la renuncia necesaria
para salir de los patrones repetidos
que te atrapan en un círculo absorbente
        (aislándote de ti)
descentrando la fuerza que te permite salir
hacia algo fresco y nutritivo.

La tensión sucede en lo nuevo que llega;
como en lo viejo que no se va.

La vida pide movimiento.
Todo gira en progresión,
en avance, en perfección;
por más que la tecnología y la ciencia
acaparen nuestras mentes,
forjando "otro ahora" voluble
por el fluir de ideas que no reposan,
que no cesan;
ilimitadas y fértiles.

La espiritualidad no puede disolverse;
fuerza que sale a la superficie como rayo,
implacable, indestructible,
irreducible;
en este mar de contradicciones y espejismos.

La tensión nos habla de energía;
de una energía que no siempre es estable,
pues a veces nos obliga a movernos,
a pensar,
a pararnos,
a gritar, a llorar…

Existe una información sutil y susurrante
que pertenece a la piel
(fuera del automatismo de la máquina)
cumpliendo funciones para la supervivencia
                    y el aprendizaje del medio.

Hay un calor que va más allá;
más allá de lo que sucede en nuestra pequeña vida
que nos habla de una gran Vida posible;
algo que supera los insignificantes cotidianos,
                    los roces con los iguales…

Existe una sed que nos lleva a la trascendencia
          al sentido de vivir
a la necesidad de ir evolucionando
a través del conocimiento y la experiencia.

El afán por lo nuevo permite el salto cuántico,
    (un salto hacia otra dimensión)
la transformación de tu propio pensamiento,
    (interacción neuronal)
que modifica tu cerebro y con él tu posibilidad de Ser.

El hartazgo por lo viejo es una prisa,
    (una congoja)
un sentimiento rancio y amargado
del que quieres desprenderte,
    (dejarlo atrás)
ganar a través del abandono;
      y eso siempre es más difícil...

La posibilidad de lo fresco implica llenar algo,
    ir hacia algo,
sentir adrenalina y fuerza para abarcarlo.
El impulso de adquirir tiene algo
que no ofrece el augurio a través del desprendimiento;
pues significa crear un hueco,
soltar un cosmos que estaba habitado,
crear un vacío angustioso,
despedirte de la forma definitiva,
para dar espacio a lo que abre el sendero
      de lo inédito.

22. EL IMPERFECTO SER HUMANO VULNERABLE

El ser humano es vulnerable;
dualidad confrontada;
   la guerra y la lucha pasa dentro.

El ser humano está enfermo;
aunque queramos clasificar como enfermos
a unos pocos que se salen de la media
de un supuesto equilibrio aceptado;
pues el ser humano está, por su composición,
patológicamente enfermo.

Algo en lo etéreo del ambiente
nos empuja a intuir, a inspirar,
que lo trascendente existe siempre;
que hay algo más grande que nosotros que nos guía;
que hay una inteligencia que nos habla del verdadero equilibrio

(superior)
enfrentado al plagio de la inteligencia inferior
que todos aplauden.

Los humanos aún no estamos evolucionados;
   solo unos pocos
(que con verdadero empeño)
construyen un camino claro;
trazado en el desempeño de desentrañar,
de desenmascarar y separar,
lo verdadero de lo falso.

Son los que desarrollan criterios
basados en evidencias;
los que recogen y definen
para poder ver más clara
una realidad que se escapa a cada paso;
que es líquida y voluble,
y por ello juega con nosotros a despistar;
que se transforma y debes estar despierto
para que tu pensamiento no se pierda
en los anclajes del apego
que confunden el presente.

Y nos damos cuenta que hemos venido a aprender;
que más allá de la inteligencia artificial
hay una Inteligencia intrínseca que lo abarca todo,
manteniendo los recursos de la memoria y la experiencia,
    (dotada de millones de variables)
que convierte la información en siempre viva,
flexible y cambiante,
que la estadística no puede encerrar.

La Inteligencia superior es materia y espíritu vibrante,
   fluida,
     espontánea;
       movilizadora de otras almas;
pues la perfección no está detrás de la forma tangible;
toca algo más elevado y sublime que solo
algunos filósofos llegan a rozar;
y es que la perfección no es exactamente belleza
ni la belleza es perfección…
¿quizás estamos hablando acerca de la verdad?
¿de la verdad escondida detrás de todas las cosas
que muchas veces solo podemos intuir?

Otras, sólo ver…

Confía y ánclate a este recuerdo
para que te sirva de guía, en esta niebla eterna
en la que nos adentramos a diario a la hora
de tomar nuestras decisiones que creemos
seguras y sabemos inestables;
pues ten por seguro
que la única verdad que tenemos,
                    es la incertidumbre.

23. LA CEGUERA INTRÍNSECA

El hombre…
tirado a veces por fuerzas de las que no es consciente,
valiéndose únicamente de criterios y experiencia;
confunde los sentimientos,
equivocándose a cada momento en la valoración de la vida.

La supervivencia…
pues el hombre sufre y busca liberar su angustia
con decisiones equivocadas que alivian
mas no curan;
que alimentan lo denso, lo precario,
apagando las luces y estrellas
de su pequeño universo interior.

El infeliz mira hacia arriba,
siente por dentro un vacío que proyecta hacia fuera,
hacia este mundo raro que entre todos transformamos
sin pararse a comprender,
que no es fuera sino adentro
donde está lo oscuro construido,
tras los actos desesperados para salvarse
que aún siguen en pie,
esos que aún alimenta.

Debe parar si quiere darse cuenta
que entre esa amalgama de cosas
habitadas en su interior,
hay cosas que no están bien.

Si la luz genera espacio, conexión,
unión y expansión etérea;
si la sombra materia separada
le endiosa falsamente a un poder que no existe,
¡pero que cree!
de ahí que no abandone lo pequeño
y reducido que ve, y siente grandioso,
perdido en un infinito
que no se puede atrapar,
pues solo se puede observar
tras el paso de los años,
tras el brotar de los actos y sentimientos;
la cosecha que deja el trato;
pues todo lo que está dentro, está fuera.

24. ATRAVESAR LA ANGUSTIA

La vida contiene violencia no expresada,
negada, guardada, acumulada;
        dispuesta siempre a estallar.

Hay una violencia
que parte del mundo social de las ideas,
del maltrato creado por cultura y discursos,
de las palabras que construyen realidades falsas,
      (condicionan la mirada)
dirigen los pasos de muchos jóvenes
a una dirección que lleva al desastre;
pues tras el agotador esfuerzo,
solo hay acantilado.

Están los que se creen el cuento
consiguiendo negar al cuerpo
para vivir en la ficción de un espejismo simulado,
estéticamente falso y deprimente;
aparentando vivir
la felicidad obligada en redes y pancartas,
en discursos "terapéuticos"
que llevan a la amputación de la parte
más real de ti mismo,
creando formas y sonrisas congeladas
que desaparecen al cruzar la esquina;
pues no nacen de lo orgánico,
sino de una mente condicionada
y forzada a ser lo que no es.

Están los que se someten
pues se dan cuenta de la mentira,
encontrando en la escasez una forma de ser y vivir,
    (pues ya no desean…)
aceptan con humor y resignación,
buscando ciertos momentos de aroma
que dé un sentido a tanta fealdad impuesta.

¡Pero algunos no aguantan!...
porque esta vida es dura…
por mucho que haya momentos preciosos
por los que merezca la pena luchar y seguir:

por eso te digo
a ti que lees esto…
¡no tires la toalla!
¡siempre hay una salida!

Comprendo tu angustia contenida,
la soledad que te atraviesa,
el miedo clavado en las entrañas,
   (yo también lo he vivido…)

pero si estás desesperado,
prueba a hacer de este sentimiento
la base sobre la que construir tus cimientos,
tus aciertos y tus fallos,
hasta que seas capaz de transformarlos
en un destino con sentido,
pues te aseguro que siempre lo hay…
          solo necesitas tiempo…

¡darte tiempo tú!
¡a ti mismo!
Acompañarte con ternura…

No podemos comparar ninguna vida
pues; aunque no lo creas,
todos tienen sus heridas,
aunque diversos destinos
¿Quién decide este azar?
         no sabemos…
y es por eso que el primer paso es aceptar y confiar
primero aceptar,
después confiar,
entregarte en cuerpo y alma a tu realidad.

Necesitas perspectiva,
         distancia,
ya no solo para ver…
¡distancia para sentir!
para escuchar las voces que guiarán tus pasos
a las sincronicidades que abren puertas
¡ten paciencia!
¡aprende a aguantar!
no tengas miedo al vacío,
no va a durar tanto como piensas…
estás en un tiempo de tránsito que parece eterno
¡pero no lo es!
¡Ten fe!
¡atraviésalo!
para descubrir lo que va emergiendo de ti
(no de fuera…)
¡de ti!

las posibilidades que se te presentan
como piedras que te ayudan a atravesar un río…
¡son soportes que están en ti!
¡descúbrelos!

Cada cual en su pequeña vida cumple un destino,
no hay vida sin importancia,
sin grandeza,
si la sabemos vivir dignamente.

Sea cual sea la tempestad que estés atravesando
¡confía!
cada uno de nosotros
con nuestras caídas crecemos
ayudamos a construir el mundo que nos toca
entre todos…

Son nuestros tropiezos los que dan sentido,
los que nos aproximan y hermanan;
pues es en el placer y en el dolor
que la vida nos iguala.

¡Todos somos uno!
cuando tiramos los vestidos de ropa
carne y hueso
las doctrinas, los juicios y títulos
¡todos somos uno!
             y siempre hay salida…

Los laberintos a los que te enfrentas
están para que los superes,
marcan tu destino,
tu individualidad,
en los que tú
            ¡y solo tú!
puedes desentrañar su misterio;

pero nada es más fuerte que tú mismo…
siempre hay respuesta a tanto daño,
a tanta impotencia que necesitas gritar y romper
¡grita!
            no pasa nada…

No te digo que sea justo;
            pero es tu camino,
¡debes afrontarlo!
(abrirle paso de la manera que encuentres)
¡por favor, no tires la toalla!
será la experiencia la que te enseñe el siguiente paso,
no tengas miedo a caerte, a romperte,
puedes recuperarte,
            ¡te lo aseguro!
Estamos programados para eso.

Atrévete a mirarme a los ojos
(que puedes ver en todos los ojos)
pues todos somos uno,
en esencia somos lo mismo,
y tú al igual que yo
como otros muchos que nadamos en este mar embravecido,
aprenderás a nadar…
¡te lo aseguro!

25. LA FUERZA DESHUMANIZADORA DEL PODER

El poder deshumaniza,
crea distancia,
construye una barrera infranqueable
que endurece el contacto,
determina el encuentro.

El poder marca unos límites
en que se establece la relación;
comunicación conveniente
reductor del corazón,
allanando los espacios
habitados y comunes
con derechos insostenibles
en toda verdad.

El poder somete;
no busca la justicia
busca el privilegio;
el gozo de empequeñecerte,
someterte a crueles pruebas
que solo un ser perverso puede emplear;
pues la dignidad de lo humano
no destruye,
no somete,
no castiga,
no es violento ni amenazante,
vive y deja vivir.

Busca el encuentro,
la posibilidad de lo común,
no mide la razón,
ni la fuerza;
está centrado en la construcción
no en la destrucción,
en la belleza no en la ruptura,
en lo que iguala
no disminuye con galas de vencedor.

El poder es orgulloso
necesita ser visto y reconocido
no existe sin la mirada
sin el halago del que acompaña,
es como una apisonadora
que no deja nada en pie,
no mira hacia atrás...

Lo curioso es que el poder no deja felicidad,
más bien;
                amargura en los rostros.

26. INTENSIDAD VERSUS AMOR

En algunas familias no hay amor;
hay intensidad.

Intensidad que abruma y excita,
al igual que un fuego que magnetiza
que te atrae y echas de menos.

Cuando te vas, no deja paz,
sino una seudo sensación de vida
aunque sea quemada, abrasada,
aunque sea ira;
¡deja huella!
no se olvida fácilmente;
tu cuerpo siente un vacío y un ardor,
tu cabeza no sabe exactamente dónde colocarlo…
¿en qué carpeta?
¿en qué cajón de tu mente clasificar
                              la experiencia?

Algunas personas no aman
hay quien genera pasión, adicción,
        ¡toxicidad!

fruto de la polaridad todo se asemeja,
¡se confunde la energía!
la pérdida de equilibrio y estabilidad
de un extremo hacia el otro
produce dominación;
una forma de control desmesurada
pues uno oscila, duda,
se confunde, se distrae…
y otro, aprovecha.

Pero hay una gran diferencia:
el amor no te inunda…

La intensidad te domina, te persigue y la persigues
en un movimiento de locura enajenada.

El amor no crea dudas.

La intensidad crea desasosiego
produce voracidad y una serie de pensamientos
que aparecen sin buscarlos.
¡es el cuerpo el que genera el aviso!

El amor te engrandece,
                    no te quita de ti mismo.

La intensidad te reduce
se queda dentro de ti
¡te domina!
¡te posee!
te quita espacio.

El amor y las pasiones
¡no es lo mismo!
Porque; aunque la pasión parece
más apetecible, más golosa y brillante,
arrasa con todo,
lo destruye todo.
La pasión se esconde tras el
disfraz de lo deseable
para convertirse, —una vez pasada— en exaltación;
en la dolorosa mirada de quien ve esfumarse
                    un espejismo.

La pasión enajena la mente,
destruye el corazón y los sentidos con tanto arrebato,
que desquicia el combustible hasta convertirlo en nada,
        y tú, en cenizas.

El amor nada espera y el que ama
da sin miramientos ni deseos…
es generoso y puro…

El que enciende el fuego en el otro
sabe muy bien lo que hace;
desea y espera,
mueve y arrebata,
escondido tras su guarida
con ojos inocentes,
con su disfraz de adorable para que no te escapes.

¿Quién dejaría ir a un ser tan bueno?
tan entregado…
tan parecido al amor…
¡y justamente porque no es amor simula serlo!
¡tan bien lo ha perfeccionado!
pues solo sabe hacer eso;
ya que nunca apreció, ni estimó,
ni supo de vínculos, ni afectos,
ni esperanzas, ni candor;
tan solo apego,
tan solo dependencia debilitadora,
la utilización del otro y el deseo de poder
                que segrega el placer codicioso.

27. REALIDAD

Estamos solos;
en un mundo repleto de gente…

Estamos solos;
aunque estemos acompañados,
aunque nos cojan la mano,
aunque nos den un abrazo,
a pesar del sentimiento del que me ama.

28. DESEOS DE INMORTALIDAD ROTOS

Muchos quieren alargar la vida
esa en la que viven vegetando.

Ese deseo tiene más de pérdida que de ganancia,
pues parece que no tuvieran suficiente
con el regalo que tienen entre manos;
ese que no han aprendido a vivir,
ni a amar,
ni a entregarse a él de verdad;
de ahí que el deseo,
la posibilidad de alcanzar
esa meta ficticia, nunca llega,
(pues su problema es la desidia)
la pereza y el abandono
que no inyecta la intención
para agarrarse al esfuerzo por construir;
para avanzar;
para llegar a un final y a un momento
en el que pasar el testigo.

Muchos se creen jóvenes cuando ya no lo son,
cuando sus ojos evidencian el cansancio natural
del pasar de los años,
y no quieren reconocer
que su tiempo está pasando;
prefieren vivir dormidos, pasivos,
a través de unos sueños imaginarios
que mantienen en vida la mentira.

Si el despertar sucede tarde, no queda otra que aceptar,
que empezar a construir el caminar que dé sentido
desde el hoy hacia el mañana que se queda corto,
pero no estéril; porque todo construye,
todo suma y tú sólo puedes construir
un poquito cada día
(por más que desees otra cosa).

El deseo no da nada, no aporta nada
solo separarte de la realidad por frustración,
porque en la vida nada va a ser como deseas;
el deseo, es el mal.

¡Otra cosa es el objetivo!
eso que te agarra a la simiente
donde construir tu propósito con raíces
y estructura;
no importa si no es alta,
¡otros la continuaran por ti!
¡Pero tú tienes que dejar algo!
eso y solo eso te pide la vida,
                    que dejes trazo,
que apoyes el Todo,
pues eres célula de un cuerpo y tan solo eso;
y tan importante para un conjunto
que sin ti se queda cojo.

¡Agárrate al sentido!
¡no mires atrás!
¡solo te hará perder el tiempo!
                    aférrate al momento...
                        empieza a construir...

29. COSAS QUE HACEN PARAR TU MENTE...

Cosas que despiertan de nuevo tu alma,
que hacen que recuerdes quién eres
despejando la niebla por unos instantes:

el ulular del viento
el tic-tac de un reloj
el silencio...
los grillos nocturnos y las chicharras
la entrada de la luz al amanecer
un trueno...
el abrazo de un niño
el paso de la página de un libro
la gota rítmica de un grifo mal cerrado
un despertar suave,
                    un susurro....
la intimidad...

el olor a jabón
una flor en la mesa de desayuno
                    una caricia cálida...

una mirada tierna y profunda
volver donde fuiste feliz de niño
¡caerte!

un grupo de viejos de pueblo en un banco charlando
un guiso a fuego lento
la respiración pausada
                    la muerte...

los bosques en otoño
el pisar de hojas secas
la suavidad del musgo
un rincón iluminado suavemente.
El crujir del suelo de una casa antigua
las campanas por la noche

                  voces amortiguadas…

Los sonidos que traen verdad
la palabra justa
el reflejo del paisaje en el agua
la explosión del color en los campos
una canción que te regresa al pasado
…
Estar bajo una manta en invierno
lo suave en la boca
dormir al lado de un río
el olor de la ternura
el reencuentro con lo amado
los ojos que reposan
el aroma embriagador del jazmín y el azahar
dormir sin soñar…

                  evadirte…

30. NECESIDAD DE CONFLICTO Y LIBERTAD

Nos olvidamos del cuerpo,
de nuestra parte más animal
la única que el sujeto entiende;
el tacto,
el gusto,
el oído agudizado;
la naturaleza,
el miedo,
el impulso y la agresión
que permiten la carrera hacia el objeto,
o la huida hacia el rescate;
                    la supervivencia...

El cuidado de la vida y su sentido
la mirada hacia la verdad que el mundo mata
fauces que defienden del abuso
manos que separan del peligro
piernas que corren soñando libertad.

Liberado del ataque,
del miedo que atenaza las entrañas
del que se sabe observado,
examinado por otro en búsqueda de un fin.

El instinto...
motor certero de placeres
y refugios salvadores
en esta jungla que habitamos.

Negado por un intelecto
que encierra la supervivencia
en conocimientos y ciencias
que bloquean la experiencia
(ni uno ni otro solos significan)
pues ciencia y experiencia
al ser humano maduran.

En esta sociedad adolescente
que consume los placeres
del juego eterno en compañía,
la madurez del discurso se apaga al comenzar,
pues no sabemos dialogar.

Así como el cuerpo se duerme
y se cierra sin estímulo,
la mente sin excitación se apaga,
sin confrontación,
sin contraste;
sin frescura de pensamiento
que alimente algo nuevo,
        (estancamiento, densidad, modorra).

Somos seres en movimiento
receptores de otros cuerpos
de otras mentes,
pensamientos que despiertan algo nuevo
¡muévete!
si no; sólo te espera el silencio,
¡la desolación!
la mentira que engaña, pero no vive,
mente sin respiración,
        cuerpo sin recursos,
                vacío…

31. SOBRE LA NECEDAD DEL EGO

Somos células de un cuerpo
creyéndose el cuerpo;
somos partes de un todo
creyéndose todo;
tenemos una pequeña vida
que se cree grande;
hasta que la realidad imperiosa te obliga a girar tu cara
con el puño que golpea,
que explota tu fantasía a una realidad insoportable,
el estado de shock;
incredulidad, desconcierto,
primero en tu mente,
baja a tu cuerpo;
      dolor…

El corazón que cabalga sin riendas.
La respiración insolente hacia fuera.
No entra.
    Se va.
      Cuerpo vaciado…

La vida se consume.
  Se gasta.
   Se agota.
    Sin descanso.
     Calma…
          Desconecta.

32. EL DOLOR COMO IMPULSO

Cuando los dramas se apagan
sin generarse a través del dolor el vínculo;
el tiempo se pasa,
se cierra el impulso,
la luz continúa…
pero no tan brillante.

Frente al dolor nos remangamos,
actuamos, abrazamos;
nos olvidamos de nosotros
para desplegar el altruismo que nos unifica.

Se abre una sima que descompone
durante un tiempo
la coraza que retiene
toda esa luz poderosa
de amor infinito
que da y no piensa.

Durante un tiempo,
el dolor nos une
desde un sentimiento
y una fuerza que nos hace uno.

El dolor dota de impulso;
algo corta el pensamiento
que bloquea y reprime el gesto
altruista y generoso,
brotando sin límite
la bondad infinita que hay en nuestros corazones
tiernos en esencia,

duros por la fuerza de una lucha
incansable por la supervivencia;
en algunos la coraza
instalada y encogida
en un proceso de cristalización constante
hasta la firme maduración
que desconecta irremediable;
hay otros con armaduras temporales
que se arman y desarman
pudiendo encontrar a veces
el niño escondido tras los barrotes;
hay también bonachones de sonrisa fácil,
piel cálida y candor
que a pesar de lo duro de los años
eligieron tras la caída y el golpe
volver a la verdad de su esencia,
al amor que da sentido;
al contacto;
a la vibración eterna fundida con las aves
los montes y los ríos,
el agua que cae del cielo,
a la verdad de tocar y soñar sin miedo,
sin coraza,
dispuestos a perder la vida en el encuentro;
pues para ellos está siempre la vida disponible,
por eso no temen...
saben que hay algo más allá del paisaje que contemplan,
los ojos, las manos,
la vida creadora de formas y brotes
sosteniendo el hoy y el mañana;
porque el mañana siempre estará
y tú no estarás.

Y está bien…
ellos no luchan por estar mañana,
creen en el hoy y lo entregan a manos llenas,
con la sabiduría de saber,
que el bien del otro
　　　　　　es su propio bien.

33. EL SUEÑO DE LOS HOMBRES

En la cúpula de los sueños olvidados
surgen las estrellas más brillantes
que iluminan la esperanza contenida en el sentir del niño
que tu cuerpo esconde.

Salvado el maleficio primitivo
que te hace errar como alma en pena,
sobre huellas ya pisadas,
atrapado sin descanso en hazañas sin sentido;
las tinieblas de la noche
vuelve nítido el camino
que entre penumbras y sombras
la mente inocente intuye,
desaparecido lo concreto
regresa la imagen subliminal borrosa y olvidada
que como jeroglífico responde a la aurora existencial,
fuera de todo mal,
y libertad que añora.

34. LO QUE ME ASUSTA

No me asustan los lobos, ni los bosques,
ni el mar embravecido;
me asusta tu gélida mirada,
tu indolencia, tu sarcasmo.

No me asustan los pesares,
las caídas, las vergüenzas;
me asusta tu necedad,
tu congelada sonrisa cínica,
tu careta;
la que habla dulce siendo dura
la que juega al amor;
la que encandila sabiendo
que no es verdad cálida la rigidez de tus hombros,
ni húmeda la curva de tus labios de desdén,
ni el granito de tu cuerpo,
la frialdad de tus manos;
ojos cristalinos que no están.

No me asusta el rugir del viento
ni el granizo, ni el hambre, ni la muerte;
me asusta tu marmolea presencia
impasible, impecable,
(impenetrable)
nada te atraviesa...
nada te toca del sufrimiento del otro.

Aprietas las manos en el cuello trémulo sin piedad,
el veneno en tu boca que muchos miran e ignoran,
miran hacia otro lado,
y de tanto hacerlo
no sienten; no vibran; no tocan,
a pesar de tener manos y corazón.

Una sociedad dormida me rodea,
seres anestesiados que comen y ríen
            y pasean,
disfrutando como gatos vientre al sol,
gente que mira, pero no mira;
que sonríe, pero no siente;
                    ¡eso sí da miedo!

35. REACCIONES IMPASIBLES (VALENCIA)

Los hechos suceden,
nadie puede contenerlos,
entenderlos, dominarlos,
pero; ¿y después?
¿cómo reaccionas ante ellos?
No hay excusa posible;
solo verdad que define tu estructura,
tu representación, pensamiento y visceralidad.

Pues hay algo más grande que tú,
de lo que crees ser y construyes
con pico y pala cada día;
lo que emana,
      lo que surge,
lo que haces o dices
      sin querer o con intención;
siempre hay una reacción frente a las cosas que pasan.

Con deseo o sin deseo,
con voluntad o sin ella,
la verdad de lo que hay dentro, la reacción lo descubre,
pues nada puede ocultarse tras la apariencia.

36. SOLO EL AMOR NOS SALVA

Solo el amor salva de tanto daño,
de tanta decepción acumulada,
de tanta suciedad tras las esquinas.

Solo el amor construye
en el esfuerzo cada día,
permitiendo aceptar, definiendo lo creado
        aunque sin significado,
aunque secuestre tu tiempo
que oculta pesares y dudas.

Es la sustancia
que emulsiona el conjunto raro que define tu existencia,
que construye puentes,
que contiene huidas,
que vincula tu presencia
a otro tan perdido como tú.

Y es la unión de tantas dudas
lo que dota de certezas.

37. LA COLONIZACIÓN Y CAÍDA DE LA ESTRUCTURA NODRIZA

El alma se muestra en determinados momentos;
cuando la verdad se expresa
tocando las fibras de esta luz que atraviesa y toca.

El alma requiere "Vida";
la autenticidad del gesto que da sentido al efecto,
que es pura energía, resonancia, eco.

El alma no se piensa, no se explica,
no se recoge en los anales de la historia;
a pesar de la Antroposofía, no se estudia como ciencia:
no se puede conocer, tan solo reconocer.

Porque el conocimiento mata;
desconecta del instante a este cuerpo vibrante,
lo confunde,
lo hace trizas;
nos tiene divagando;
haciendo cálculos,
perdidos en niebla y desorden
nos despoja del sentido...

Confundidos, aceptamos las explicaciones de otros
                    más perdidos;
pues la experiencia real
solo es una luz,
una chispa que alumbra
para luego perdernos en la oscuridad...

Solo la conciencia es el hilo conductor;
solo ese fino alambre nos mantiene conectados
hasta el siguiente chispazo;
(recoger lo alumbrado para no olvidar)
pues será el escaso recorrido que nuestros débiles pasos darán.

Solo existe el camino,
el instante,
lo que ocurre y no lo ocurrido;
lo pequeño almacenado
frente a la inmensidad de datos que abruman y
te hacen perder el filamento.

La vida es una lucha con las tinieblas;
vives en ellas, comes en ellas,
gozas y sufres en ellas.

La verdad existe, muchas veces tapada,
              ignorante;
pues hace falta entrenamiento y somos perezosos…

Creemos ser más de lo que somos,
porque en el fondo lo somos;
esa ya es una verdad…
pero mantenerla viva y fresca
requiere atención constante,
abrigo frente a lo falso que azota
como el temporal del norte,
barreras que contengan lo que nuestros
sentidos recogen;
discernimiento, coherencia, criterio
que se desarrolla en la visión clara
que solo permite el entrenamiento de la mirada;

conociendo lo falso,
(que es casi todo)
devolviendo al cuerpo su sitio,
y a la naturaleza interior su fluidez y desnudez.

La verdad requiere tener todas nuestras partes integradas,
no tan solo algunos mecanismos
que en la soledad se confunden,
como niños que escucharon cuentos,
pero que, sin la experiencia,
no comprenden su sabiduría mágica escondida;
pues la verdad requiere conocer la mentira;
        lo falso.

La degeneración, que conquista como mugre
la belleza de un organismo ignorante de su cuidado;
permitiendo que anide en su seno lo nauseabundo
que corrompe toda brillantez duradera.
Pues la luz está en todos,
en cada uno de nosotros,
esperando ser cuidada y atendida;
ella solo puede ser, vibrar, brillar,
mientras nuestra naturaleza humana crea capas,
espesuras que opacan, apagando
y camuflando lo bello del camino,
del ser, del encuentro y la coherencia;
pues el arte está en cada cosa que significa;
        no solo en el arte y la cultura,
sino también en la relación sincera,
en los valores que mantienen la cadencia del paso,
el pensamiento constructivo que encauza
                el deseo…

La persona requiere ser construida…

Los niños necesitan una guía poderosa y segura
frente a las tenebrosas distracciones que al
cuerpo tienta y a nuestra mente adicta, secuestra.

Necesitamos estandartes, vigas, cimientos,
esos que se están rompiendo a pasos agigantados
convertidos en polvo y escombros;
cayendo estructuras sólidas que solo dejan
fragilidad y dudas a una juventud sin herencia:
¿Dónde está el alma?
¿Quién la cuida hoy?
en este revuelto de barro, fangos y lodos,
en esos cristales preciosos diversificados
separados, escondidos…
                    muchos perseguidos,
por el rey de las tinieblas y sus súbditos del mal.

ÍNDICE

1. COMPLEJIDADES HUMANAS 7
2. EL CUERPO VULGARIZADO 10
3. TODOS LOS ESPACIOS POSIBLES 11
4. ALGUNOS HABITANTES DE LAS CIUDADES 15
5. CONFIGURACIONES INTERNAS 18
6. LA CULTURA ALIENANTE QUE DESVIRTUA AL SER 21
7. LA OCUPACIÓN DEL ESPACIO Y SUS EFECTOS 26
8. SIMBIOSIS CON DESEO DE FUGA 28
9. CUERPOS ACORAZADOS 30
10. MODIFICADOS POR EL PASO DEL AHORA 31
11. VIVIMOS FUERA DEL TIEMPO Y EL ESPACIO 33
12. SERES EN BÚSQUEDA DE REACCIÓN 34
13. CAMINAMOS ENTRE LUZ Y OSCURIDAD 36
14. EL INDOLENTE 38
15. CONSCIENCIA 40
16. ÁNGELES Y DEMONIOS 43
17. LO MÁS HUMANO QUE HAY EN NOSOTROS 44
18. IMPRESIONES 46
19. LA ARQUITECTURA DEL ESPACIO 49
20. PROYECCIÓN DEL INCONSCIENTE 51
21. LA TENSIÓN DE LO NUEVO 52
22. EL IMPERFECTO SER HUMANO VULNERABLE 55
23. LA CEGUERA INTRÍNSECA 58
24. ATRAVESAR LA ANGUSTIA 60
25. LA FUERZA DESHUMANIZADORA DEL PODER 65
26. INTENSIDAD VERSUS AMOR 67
27. REALIDAD 70
28. DESEOS DE INMORTALIDAD ROTOS 71
29. COSAS QUE HACEN PARAR TU MENTE… 73
30. NECESIDAD DE CONFLICTO Y LIBERTAD 75
31. SOBRE LA NECEDAD DEL EGO 77

32. EL DOLOR COMO IMPULSO 78

33. EL SUEÑO DE LOS HOMBRES 81

34. LO QUE ME ASUSTA 82

35. REACCIONES IMPASIBLES (VALENCIA)................... 84

36. SOLO EL AMOR NOS SALVA 85

37. LA COLONIZACIÓN Y CAÍDA DE LA ESTRUCTURA
NODRIZA.. 86